AF250540

COUP-D'ŒIL PHILOSOPHIQUE

SUR

LA RÉVOLUTION

DE DÉCEMBRE

PAR

LAURENT (DE L'ARDÈCHE),

Ancien membre des Assemblées constituante et législative.

PRIX : 50 CENTIMES.

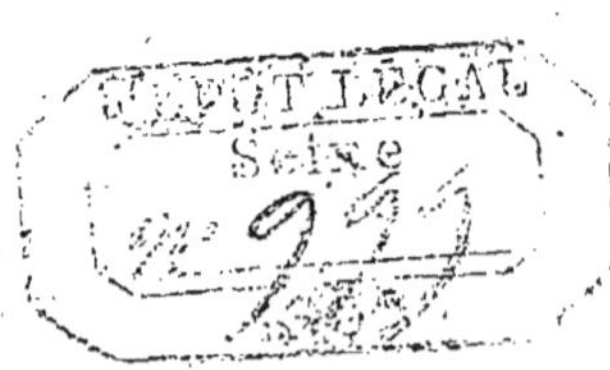

PARIS,

CHEZ GARNIER FRÈRES,

PALAIS-ROYAL, PÉRISTYLE MONTPENSIER, ET RUE RICHELIEU, 10.

1852

COUP-D'ŒIL PHILOSOPHIQUE

SUR

LA RÉVOLUTION

DE DÉCEMBRE.

***

Le coup d'État de décembre a jeté l'esprit français en dehors de ses tendances et de ses habitudes de trente-cinq ans.

Les générations politiques qui se sont élevées durant cette période se trouvent passagèrement dépaysées sous le nouveau régime.

C'est, pour elles, une espèce de transportation intellectuelle.

Est-ce à dire que cette révolution, si brusque et si radicale, n'ait pas sa cause logique et sa virtualité progressive, au point de vue de l'ordre général et des desseins providentiels?

Examinons.

L'esprit humain a deux modes de procéder, la synthèse et l'analyse, deux modes qui ont régné tour à tour dans l'école, au profit de la science, et dont l'application alternative, féconde en philosophie, n'a pas eu moins d'utilité en politique.

Le génie de l'avancement sait user et se passer à propos de l'un ou de l'autre de ces leviers.

La monarchie usa utilement d'abord contre la féodalité et finit par abuser contre la nation, de la toute-puissance de l'*à priori* royal.

Alors parurent les immortels analystes de 1789. L'ancien régime croula sous le bélier populaire. La révolution accomplie, il fallut la défendre contre l'insurrection, l'émigration, la coalition. La force concentrique pouvait seule faire face au danger : la Convention l'appela au comité de salut public. Sa prépotence fut terrible, mais elle sauva l'indépendance nationale ; de Maistre l'a reconnu. Le péril écarté, la dictature du gouvernement révolutionnaire fit place à la bascule du régime directorial.

La révolution se serait perdue si elle fût restée plus longtemps livrée à cet agent de dissolution, et il était décrété d'en-haut qu'elle ne périrait pas. L'un de ses enfants, et le plus héroïque, lui porta un coup que l'on crut mortel et qui lui rendit néanmoins la vie et la santé. Elle s'était épuisée à la controverse ; elle succombait, mutilée et flétrie, sous le poids des calamités inséparables des discordes civiles ; elle allait tomber en lambeaux sous le scalpel d'une souveraineté morcelée. La réaction unitaire du consulat fit échapper la révolution aux deux abîmes qui bordaient sa route, l'anarchie et l'ancien régime. La presse et la tribune, ces deux grands instruments de la liberté humaine, avaient eu la plus grande part à l'œuvre de démolition ; il était naturel que l'on se passât d'elles dans les essais de reconstruction. Elles durent se taire tant que régna l'*unitarisme* consulaire ou impérial. Ce fut, pendant quelques années, un admirable monologue que celui auquel Napoléon tint le monde attentif. Certes, la France regretta peu alors les allocutions tribunitiennes, les pamphlets quotidiens et les dialogues parlementaires. L'homme qui parlait seul manifestait incessamment en lui la volonté et la puissance d'agir. Il promulguait un code immortel, il exécutait des travaux impérissables, il portait les idées et les mœurs de la France nouvelle dans tous les coins de la vieille Europe, il forçait les maîtres superbes et les orgueilleux successeurs de Brunswick et de Suwarow à s'incliner devant le drapeau de la Révolution. La gloire, qui faisait oublier la liberté au dedans, en répandait ainsi les germes au dehors. On comprend que le peuple se soit engoué de celui qui ne s'était réservé exclusivement la parole et l'action que pour en user de la sorte.

Un jour vint pourtant où le grand homme qui avait été chargé de penser, de vouloir et d'agir pour le grand peuple, vit chanceler à la fois son infaillibilité et sa fortune.

Les monarchies européennes, gouvernements à procédés synthétiques s'il en fut, réduites aux abois par le glaive impérial, avaient consenti à prendre le libéralisme pour auxiliaire. Elles avaient exploité habilement la réaction qui s'était manifestée un peu partout contre l'absolutisme napoléonien, et elles avaient été admirablement servies aussi par le froissement des intérêts matériels et par le mécontentement qu'avait fini par produire la fréquence des levées d'hommes et d'argent, nécessitées par la prolongation et les vicissitudes de la guerre. Napoléon partit pour l'île d'Elbe sous le coup d'un décret du sénat qui l'accusait d'avoir étouffé la liberté de la presse, et il put entendre, en quittant Fontainebleau, ce cri d'un Bourbon rentrant dans le palais des rois : *Plus de conscription! plus de droits réunis!*

Que l'on juge de la violence de la réaction qu'avait provoquée la puissance absolue, par cette seule remarque.

L'héritier de Louis XIV, le dépositaire de la synthèse traditionnelle qui avait personnifié l'État dans le roi, Louis XVIII fut obligé de renoncer à l'*à priori* du bon plaisir et de se soumettre au contrôle de l'*à posteriori* parlementaire.

Pendant quinze ans, le principe monarchique se révolta contre cet amoindrissement et s'efforça de dominer et d'annuler l'élément démocratique introduit dans la charte.

La monarchie fut vaincue parce qu'elle fonctionnait à reculons, en cherchant à relever et à coordonner les débris d'un édifice irrévocablement ruiné, tandis que l'esprit libéral s'exerçait, au contraire, selon les vues de Dieu, dans les voies progressives, en poursuivant la pulvérisation de ces débris et en s'opposant à une reconstruction impossible.

La monarchie fut vaincue, mais non renversée. Elle garda le faîte de l'édifice royal, entièrement délabré, et elle se réserva de faire perdre insensiblement à la démocratie le terrain qu'elle avait conquis en 1830.

La monarchie restait ainsi obstinément contre-révolutionnaire. Au lieu de s'appliquer à développer et à régler le mouvement progressif de la France nouvelle, elle ne songeait qu'à contrarier ce mouvement et à favoriser les tentatives de rétrogradation ou les goûts d'immobilité de la vieille France.

La démocratie triompha de nouveau en 1848, et, cette fois, elle se chargea seule de reconstituer politiquement la France.

Mais la royauté, bannie du monde constitutionnel et chassée de France, vit préparer le retour de l'unité gouvernementale par quelques praticiens mêmes de la souveraineté parlementaire.

Combien l'*à posteriori* populaire n'usa-t-il pas de son omnipotence pour faire regretter l'*à priori* royal? La guerre civile était partout, dans la presse, dans l'Assemblée, dans la Constitution, dans la rue. Aussi bien la toute-puissance de la démocratie était-elle exercée par des mandataires profondément imbus, en majorité, des traditions monarchiques. Ce contraste ne pouvait produire que tiraillement et malaise dans toutes les branches de l'économie sociale. Le parlementarisme fonctionnait, au nom de la République, pour le rétablissement de la monarchie. L'opposition républicaine était entraînée hors des voies de la prudence par cet illogisme. La République était menacée par la force légale de la contre-révolution et par les dispositions extra-légales de l'ultra-révolution. La violence réactionnaire et l'exagération démocratique étaient poussées à leur dernière limite. Ici, on relevait la croix de Lorraine contre le rationalisme, et l'on déployait le drapeau blanc comme déclaration de guerre à 89 ; là, on prononçait le dernier mot du criticisme révolutionnaire, sous différentes formules, qui menaient toutes à l'*anarchie.*

M. de Falloux a eu raison de le dire, dans sa dernière lettre : Tandis que des royalistes semblaient s'appliquer à rendre le rétablissement de la monarchie impraticable, il y avait aussi des républicains qui ne travaillaient qu'à rendre le maintien de la République impossible. Rien n'est donc plus vrai que l'aveu de cet habile chef du parti légitimiste et de la majorité parlementaire, que *le 2 décembre est autant l'œuvre de ses victimes que de ses auteurs.*

Nouvelle justification du vieil adage : L'homme s'agite et Dieu le mène.

Lorsqu'une révolution, gouvernementale ou sociale, est dans les nécessités du temps, tout le monde y pousse et y contribue, spontanément ou involontairement.

Etant donnée la situation du 1er décembre, c'est la force des choses qui, le lendemain, a rendu à la doctrine de l'unité la prépotence politique, à l'exclusion toutefois du droit héréditaire, et sous la réserve d'un appel au principe électif.

Inutile de descendre à la discussion des moyens et à l'appréciation des incidents qui ont marqué l'accomplissement de cette réaction synthétique. Le menu des révolutions n'est jamais attrayant, et il rend souvent pénible la mission de l'historien. Le coup d'Etat de décembre a eu, comme tous les événements de cette nature, ses conditions rigoureuses. Il a fait des plaies qui saignent encore. Malheur à qui n'aurait pas ressenti dans ses entrailles les déchirements de son pays ! Mais le citoyen le plus attristé ne doit pas s'abîmer dans son affliction. Il y a quelque chose d'antérieur et de supérieur aux formes mobiles que revêt le pouvoir; quelque chose qui survit aux chartes dynastiques comme aux constitutions républicaines; quelque chose qui a droit, sans distinction de régime, au dévouement persévérant des amis de l'humanité : c'est la loi invariable de la perfectibilité humaine ; c'est l'indestructible principe du progrès social. Tant que cette loi n'aura pas reçu sa complète application ; tant que ce principe ne sera pas arrivé à son entier développement ; tant qu'il restera des vices à extirper, des erreurs à dissiper et des misères à éteindre, celui-là sera sans excuse qui abandonnera l'atelier intellectuel et qui refusera de s'associer consciencieusement à l'œuvre politique de son temps, parce que des changements, contraires à ses vues et à ses préférences personnelles, se seront accomplis, ou dans le mécanisme des institutions, ou dans la couleur des drapeaux, ou dans le nom des gouvernants.

Point de faiblesse donc ! point d'abattement ! point de révolte, sous forme d'abstention, contre la toute-puissance des faits que Dieu permet et que le peuple approuve ! Les champions du passé ne se découragent pas, eux ! Entendez-les plutôt s'exciter hautement à rentrer dans la lice, pour y soutenir leurs vieilles prétentions, avec les armes que leur laissera la législation nouvelle. Voyez-les se presser de jeter un voile sur leurs protestations d'hier contre le coup d'État du 2 décembre, et s'incliner devant la réponse souveraine du suffrage universel, insinuant qu'ils vont partir de là pour reprendre les errements de la politique dynastique et s'appliquer, dans les conditions de l'ordre existant, à pousser le char de l'État en arrière, ou à l'enrayer et à le renverser s'il vient à marcher en avant.

L'esprit rétrograde, en suivant son inaltérable programme, trace la route que doit prendre l'esprit progressif. L'organisation pacifique de la démocratie n'a pas cessé d'être la sublime tâche de notre siècle et le but suprême de nos efforts.

Ce n'est plus le temps de récriminer et de gémir. Partout où l'esprit de la contre-révolution apparaîtra, pour encourager ou combattre la puissance publique, suivant qu'il se flattera de l'entraîner aux périlleuses reculades, ou qu'il la trouvera disposée aux sages réformes, il est bon que l'influence démocratique se montre aussi, non moins active et non moins constante, pour prêter son concours au pouvoir qui saurait braver l'hostilité des vieux partis pour procéder énergiquement aux innovations qu'il croirait praticables et justes.

Cet appel à la persévérance du civisme impartial doit être compris par les hommes d'intelligence et de cœur qui ont étudié ou subi les expérimentations monarchiques et les épreuves douloureuses d'un demi-siècle, sans se laisser détourner de la ligne démocratique de 89 et de la voie philosophique de Turgot et de Condorcet, par les oscillations du monde officiel et par les soubresauts des gouvernements. Nous demandons à ces hommes de porter toujours bien haut, et par dessus les rivalités et les querelles de noms propres, le drapeau des travailleurs ; nous les supplions de le tenir, d'une main ferme, loin des intrigues compromettantes et des luttes funestes de la politique subalterne, qui ne se démène et n'agite le pays que sur les questions transitoires des formes et des individus ; nous les conjurons de ne pas mettre leur pacifique bannière à la suite de celle des aristocraties militantes, laquelle pourrait bien cacher dans ses plis les insignes du génie rétrograde et le mot d'ordre d'une réaction dynastique.

C'est à ces esprits élevés qu'il appartient d'avertir et d'éclairer la démocratie trop ardente, si longtemps abusée par des excitations folles ou perfides, et qui a tant de fois couvert, involontairement, de son pavillon, les armes et les bagages du royalisme expectant.

Sachons donc opposer une réserve inébranlable à quiconque essaierait de soulever en nous des rancunes constitutionnelles pour les exploiter au préjudice même de nos convictions démocratiques et de nos aspirations progressives.

En présence des améliorations que réclame l'état moral et matériel des masses populaires et dont la réalisation graduelle doit être patiemment et imperturbablement poursuivie malgré les revirements et les mécomptes politiques, notre devoir est de faire taire nos susceptibilités les plus honorables et nos regrets les plus légitimes, pour nous remettre à la grande œuvre du perfectionnement continu, en commençant par nous interroger intimement, dans le calme de la réflexion et par dessus le tourbillon du jour, sur le lien qui peut rattacher à l'évolution plébéienne de notre âge et à l'avènement gouvernemental de la prévoyance sociale, l'énormité même qui a tout d'abord froissé nos consciences et accablé nos intelligences.

« Il n'y a point de hasard dans le monde, a dit de Maistre, et même, dans un sens secondaire, *il n'y a point de désordre*, en ce que le désordre est ordonné par une main souveraine, qui le plie à la règle et le force de concourir au but. »

Le penseur catholique n'est ici que le plagiaire de l'un des plus illustres philosophes de l'Allemagne. Kant avait dit avant lui, en 1784 : « Ce qui, dans les individus, nous paraît désordre et confusion, rapporté à l'espèce entière, se présente comme un développement continu, quoique lent, des dispositions de notre nature. » (*Idée d'une histoire de l'espèce humaine, pour servir à l'établissement d'une société civile universelle.*)

Chose singulière ! cette pensée justificative des désordres particuliers qui rentrent dans les conditions inévitables de l'ordre général a été admise et consacrée par les auteurs mêmes de la Constitution, dont la chûte violente et soudaine a produit tant d'émotion dans le pays.

« Les faits ne s'enchaînent point au hasard, dit M. Marrast dans le rapport qui est placé en tête de la Constitution de 1848 ; le sillon qu'ils tracent en se succédant atteste l'action d'une LOGIQUE SUPÉRIEURE à d'aveugles caprices. *Les faits, à mesure qu'ils tombent de la main du temps, semblent souvent heurter, il est vrai, le bon sens, la justice, et réduire l'histoire au jeu de la force ou au désordre de la folie. Quand on les examine cependant, dès qu'un but est atteint, on les voit en quelque sorte s'aligner à travers l'espace que les généra-*

tions ont parcouru, et ils apparaissent alors comme l'éclatant témoignage de la loi invisible qui régit les sociétés.

Isolons-nous donc des nécessités plus ou moins regrettables et des épisodes plus ou moins terribles qui ont signalé l'exécution et les suites du coup d'État de décembre, si nous voulons en comprendre le caractère et la portée.

Encore une fois, la France était placée entre deux abîmes, la contre-révolution et l'ultra-révolution.

Le coup d'Etat est survenu, appuyé sur l'appel au peuple et s'offrant comme le sauveur de la République. Il a réussi par l'intervention irrésistible de la force matérielle.

C'était à l'emploi de la force matérielle aussi qu'allaient aboutir fatalement les combinaisons et les machinations respectives de la contre-révolution et de l'ultra-révolution.

D'une part, la majorité parlementaire s'obstinait à maintenir l'abolition du suffrage universel, avec la résolution d'écraser la démocratie, si elle venait à tenter de se soustraire à l'application rigoureuse de la loi du 31 mai.

De son côté, la démocratie s'apprêtait à faire usage de toutes armes contre le suffrage restreint, et à pratiquer violemment l'universalité du vote.

La majorité victorieuse, c'était une Convention monarchique, portant dans son sein une Restauration, grosse elle-même d'une guerre civile et d'interminables bouleversements.

L'insurrection démocratique triomphante, c'était l'avénement dictatorial des hommes et des doctrines du fameux Comité de résistance; avénement précurseur de nouvelles révolutions.

Dans le premier cas, la République, le suffrage universel, le principe électif, le progrès social étaient sacrifiés aux prétentions dynastiques et aux fureurs réactionnaires.

Dans le cecond cas, tous ces grands intérêts étaient compromis par la prédominance inévitable de la plus fougueuse démagogie.

Rien de tout cela, cependant, ne devait être effacé sur le livre des conquêtes révolutionnaires de la France. Si la légalité était manifestement impuissante à empêcher les partis contraires de vider tôt ou tard par les armes le suprême conflit entre la loi électorale et la Constitution, et de conduire ainsi le pays à l'un des deux écueils que nous venons de signaler, il est certain que le pays était instinctivement préparé à laisser exercer le redoutable arbitrage du glaive par l'illégalité, si elle devait sauver, en définitive, par son intervention extrême, ce que la légalité était en train de trahir et de ruiner : la République, le suffrage universel, le gouvernement électif, la réforme sociale, la révolution.

Il y avait place évidemment pour l'un de ces *faits qui, à mesure qu'ils tombent de la main du temps, semblent souvent heurter le bon sens, la justice et réduire l'histoire au jeu de la force ou au désordre de la folie, mais qui, dès qu'un but est atteint, s'alignent à travers l'espace parcouru par les générations et apparaissent comme l'éclatant témoignage de la loi invisible qui régit les sociétés.*

Le coup d'État du 2 décembre a-t-il eu ce caractère? Sa cause rationnelle et sa portée progressive seront-elles un jour constatées?

La première démonstration, celle de la cause, nous paraît faite. Elle résulte, à notre avis, du simple exposé de la situation de la veille; elle est sortie, du reste, de la bouche du peuple, dont l'inspiration est presque toujours, et surtout aux époques de renouvellement, un guide plus sûr que la science orgueilleuse des docteurs.

Quant à la seconde démonstration, elle appartient plus à l'avenir qu'au passé. C'est au gouvernement d'y procéder et de la mettre en relief dans ses actes.

Jusque là, il y a toujours un fait accompli : le scrutin populaire a sanctionné le coup d'État.

Il n'y a donc plus à discuter sur la légitimité de la suprématie présidentielle. Ce que le progressiste, le démocrate, le républicain, le patriote, ont de mieux à faire, c'est de concourir à rendre l'exercice de cette suprématie le plus salutaire possible à la patrie, à la République, à la démocratie, au progrès social; c'est d'encourager le pouvoir nouveau à calmer les passions, à faire cesser les proscriptions, à moraliser les âmes, à éclairer les esprits, à soulager et à prévenir les misères.

Sur ce terrain, la suprême magistrature de la République française sera toute-puissante pour opérer les améliorations que la législature s'est montrée inhabile à réaliser et sans lesquelles il n'y a plus de politique populaire, ni de gouvernement durable en France.

On oubliera facilement le dialogue parlementaire, si bruyant et si stérile, quand le monologue présidentiel sera rempli de mesures utiles.

Napoléon parla seul et de haut sans fatiguer son auditoire, tant qu'il put l'entretenir de ses créations législatives et monumentales, ou de ses courses triomphales à travers les capitales de l'Europe.

Le monologue d'aujourd'hui ne peut pas être une répétition de celui d'hier.

Répétition et progrès marchent difficilement ensemble.

Mais la tâche de l'*à priori* présidentiel n'est pas moins importante, ni moins glorieuse que celle de l'*à priori* impérial.

Napoléon disciplina la révolution pour la promener en conquérante et en propagandiste d'un bout à l'autre du continent européen; il donna une organisation forte et démocratique au travail guerrier, en faisant régner dans les camps l'égalité, par le classement hiérarchique des mérites et par la rémunération proportionnelle des services.

Il reste à l'élu du 20 décembre une autre organisation démocratique à entreprendre, c'est celle du travail pacifique, celle des institutions nourricières et moralisantes pour les cultivateurs et les ouvriers, celle qui est indiquée dans le livre sur l'extinction du paupérisme. Il est dans l'ordre logique des solutions réservées à ce siècle, que l'élévation selon la capacité et la récompense selon les œuvres, introduites dans la vie politique et militaire, par l'autocratie consulaire et impériale, soient appliquées, autant que possible, à la vie civile et sociale, par l'omnipotence présidentielle. La providence nationale, qui a fait la prospérité de la caserne, doit s'étendre à la ferme et à l'atelier.

C'est par la manifestation incessante de cette providence universelle, dans les actes de l'autorité, que le principe d'autorité sera sérieusement réhabilité et affermi.

Deux adversaires opiniâtres s'opposeront peut-être à cette œuvre : le criticisme libéral, qui prend pour devise : *Laissez faire, laissez passer*, et qui abandonne le travailleur, au nom de la science et de la liberté, *aux risques et périls* de l'isolement individuel ; et le dogmatisme théocratique, qui fait du travail un *châtiment*, et dont la théorie économique et l'assistance pratique s'arrêtent à l'*aumône*.

Le criticisme libéral est vaincu, il est tombé en brouillon convaincu d'impuissance ; mais il conserve, néanmoins, de hautes et de nombreuses positions pour continuer la lutte. Ses chefs occupent les sommités du monde politique et littéraire.

Le moyen le plus sûr d'empêcher le criticisme libéral et ses coryphées de regagner la faveur qu'ils ont perdue, c'est de préparer activement la venue de *la liberté sage et bienfaisante* qui a été solennellementl annoncée.

Le dégoût de l'analyse n'est que passager ; il s'affaiblira à mesure que l'on s'éloignera du chaos parlementaire. Le mouvement libéral du siècle ne peut être d'ailleurs que contenu ou réglé, et non étouffé, car il est intimement lié au mouvement vital de la société moderne.

Si l'on veut désespérer l'orgueilleux burgraviat qui s'est formé des notabilités monarchiques de toutes les nuances et qui s'apprête à cacher ses bigarrures internes sous les dehors d'un commun libéralisme, il faut éviter de lui fournir l'occasion d'un facile martyre ; il faut surtout accomplir sous ses yeux et à la face de la nation, ce qu'il n'a pas su faire lui-même ; ce que, dans son mauvais vouloir et dans sa magnifique impuissance, il déclarait impossible : LES AMÉLIORATIONS POPULAIRES.

Quant au dogmatisme intolérant, il vaut mieux l'avoir pour adversaire que pour auxiliaire. Ce serait une faute de ne pas protéger la religion, mais c'en serait une aussi grande de se donner l'apparence d'être protégé par un parti religieux.

La France intellectuelle n'est plus impie, mais elle est encore moins bigote. Si elle a cessé de se courber sous l'influence de l'esprit encyclopédique, elle n'a point entendu par là se remettre sous le joug de l'esprit ultramontain.

Espérons donc que le gouvernement, puissamment armé par un coup d'État qu'a ratifié le vote du peuple, ne reculera devant aucun des obstacles qu'il pourra rencontrer dans l'accomplissement de sa mission populaire. Il sait que c'est pour marcher en avant, et non point pour retourner en arrière, que les nations font ou laissent faire les révolutions, et que le peuple français, brusquement arraché aux stériles débats du parlementarisme, a consenti à attribuer à son gouvernement la rapidité et la vigueur de l'*à priori*.

Tout en ménageant la tradition dans ce qu'elle a d'inoffensif, de respectable et de sacré, *la religion, la famille, la propriété*, le pouvoir, établi au milieu du dix-neuvième siècle par le suffrage universel, doit donc éviter de ressembler au régime monarchique, fondé au moyen-âge sur le droit divin. Il y aurait danger de préparer par là une troisième et passagère restauration de ce régime suranné, ou de rendre au criticisme libéral son énergie et sa puissance révolutionnaires.

Les masses laborieuses attendent des affirmations nouvelles pour échapper aux fréquents et sanglants démentis qui ont toujours suivi le retour des affirmations anciennes, et pour confondre la négation. Plus que jamais, c'est le cas de répéter le mot de

Bâcon : *Que celui qui repousse des remèdes nouveaux s'apprête à des calamités nouvelles.*

Si la suprématie présidentielle, appuyée sur le scrutin populaire, procède résolument à l'application de ces remèdes, la nécessité providentielle du coup d'État sera philosophiquement justifiée ; et nos neveux, qui danseront sur nos tombeaux, comme dit de Maistre, se consoleront aisément des maux que nous aurons soufferts et qu'ils n'auront point partagés, s'il leur est donné de jouir des améliorations sociales, obstinément entravées par la majorité parlementaire, et hardiment conçues, préparées ou consommées par l'élu du 20 décembre.

Paris. — Imprimerie de DUBUISSON, rue Coq-Héron, 5.